Selbstreflexion

Entdecke die psychologische Superkraft
zur grenzenlosen
Persönlichkeitsentwicklung

Maximilian Mende

ISBN: 154060487X

ISBN-13: 978-1540604873

INHALTSVERZEICHNIS

Einleitung

1 Was ist Selbstreflexion?   1

2 Was für Vorteile bringt mir Selbstreflexion genau?   6

3 Selbstreflexion To-Go – 6 Gute Fragen für jeden   9
Tag

4 Warum jeder Tag ein Erfolg ist   16

5 Produktivität steigern durch Selbstreflexion   21

6 30 wichtige Fragen die du dir immer wieder stellen   26
solltest

7 Anleitung zur Selbsterkenntnis – Selbstreflexion   31
Schritt für Schritt erklärt

Schluss   37

+ Bonuskapitel – Kapitel 2: Was für Vorteile bringt   40
mir Selbstreflexion genau

EINLEITUNG

Hallo, lieber Leser und herzlich willkommen in meinem Buch „Selbstreflexion: Entdecke die psychologische Superkraft zur grenzenlosen Persönlichkeitsentwicklung". Zuallererst einmal vielen Dank, dass du dieses Buch gekauft hast, das freut mich wirklich sehr und ich hoffe, ich kann dir mit diesem Buch wirklich weiterhelfen.

Ich denke, es ist keine schlechte Idee, an dieser Stelle zu erklären, wie ich überhaupt dazu kam dieses Buch zu schreiben.

Ich schreibe dieses Buch im Zuge meiner eigenen Persönlichkeitsentwicklung. Ich beschäftige mich schon sehr lange mit diesem Thema und das seit einer Weile auch sehr intensiv, weshalb ich mich entschlossen habe, einige meiner Gedanken in Büchern und sozialen Medien zu teilen.

Und das natürlich nur aus einem Grund: Um DIR zu helfen.

Ich weiß wie es sich am Anfang anfühlt, wenn man sich entschlossen hat, endlich etwas zu ändern und sein Leben in die eigene Hand zu nehmen, aber nicht so recht weiß wie. Für diesen Prozess einen Mentor oder überhaupt jemanden an meiner Seite zu haben, der mir dabei hilft und Tipps gibt, hätte das ganze um einiges erleichtert. Aus diesem Grund möchte ich dir, lieber Leser oder auch liebe Leserin, dabei so gut es geht unter die Arme greifen.

So, nun aber genug von mir. Kommen wir zu dir. Du hast dch dafür entschieden, dein Leben in die eigene Hand zu nehmen und hast dich sicher schon mit dem großen Thema Persönlichkeitsentwicklung beschäftigt. Wenn nicht, kein Problem! Dann ist dieses Buch der perfekte Einstieg in dein neues glücklicheres, selbstbestimmtes und erfolgreicheres Leben!

Ich will nicht zu dick auftragen, jedoch wirst nach deinen ersten Schritten in deiner persönlichen Entwicklung feststellen, dass dich jeder Erfolg ein klein wenig zufriedener, glücklicher und selbstbestimmter macht.

Zudem ist das in diesem Buch behandelte Thema „Selbstreflexion" sehr wichtiges und sogar grundlegendes Handwerkszeug, um sich persönlich weiterzuentwickeln. Den Grund dafür will ich dir an dieser Stelle gerne schon nennen. Und zwar solltest du, noch bevor du etwas anderes tust oder anstrebst, erst einmal herausfinden, was du wirklich willst. Heutzutage leben wir alle zu einem großen Teil fremdbestimmt, worauf ich zu einem späteren Zeitpunkt noch einmal weiter eingehen werde. Du solltest deshalb zuerst sichergehen, dass du nicht die Ziele und Träume deiner Freunde, Familie oder Lehrer verfolgst, sondern nur DEINE EIGENEN!

Und wie du das herausfindest, werde ich DIR in diesem Buch beibringen.

Viel Spaß dabei!

KAPITEL EINS: WAS IST SELBSTREFLEXION?

Als allererstes ist die wichtigste Frage: Was ist Selbstreflexion überhaupt?

Das zu erklären ist tatsächlich um einiges leichter als zu vermitteln, wie genau es funktioniert und wie es sich anfühlt. Du musst es einfach machen und erfahren, wie es ist.

Im Mittelpunkt der Selbstreflexion steht an erster Stelle die Selbstbeobachtung des eigenen Verhaltens, persönlicher Verhaltensmuster, eigener Gedanken und Gefühle.

Beispiele für negatives Verhalten und Verhaltensmuster wären beispielsweise:

- Stress- oder Frust-Essen

- beim Fernsehen immer etwas knabbern oder naschen müssen

- sich immer unterm Wert verkaufen

- zu Erledigendes aufschieben

- Dinge zu vergessen (in diesem Fall ist natürlich nicht die Vergesslichkeit an sich gemeint sondern diese hinzunehmen und dem nicht durch z.B. Merkzettel etc. entgegenzuwirken und/oder sich immer bequem damit herauszureden, dass man ja so vergesslich ist)

- sich zu sehr auf andere zu verlassen

- andere (grundlos) kritisieren

Nun einige Beispiele für positives Verhalten:

- an einer Sache dranbleiben

- To-Do's mit hoher Priorität sofort erledigen

- beim Fernsehen nach dem Film/der Episode, den/die man sehen wollte, ausschalten

- früh aufstehen und vorzugsweise deine persönliche Morgenroutine durchführen

- sein Leben so gut es geht selbst gestalten

- anderen Personen Anerkennung zollen und mit Respekt begegnen

Beispiele für negative Gedanken und Gefühle sind z.B.:

- Eifersucht

- Neid

- Minderwertigkeitsgefühle

- Unsicherheit

- Angst vor Entscheidungen

- Rücksichtslosigkeit

Und hier noch ein paar positive Gedanken und Gefühle:

- Mitgefühl

- Empathie

- Unvoreingenommenheit

- Selbstvertrauen

- Optimismus

Das umfasst selbstverständlich nicht alles, aber damit möchte ich dir einen kleinen Überblick gewähren und dich dazu anregen, deine eigenen schlechten, aber auch guten Verhaltensmuster, Gedanken und Gefühle festzuhalten. Dabei darfst du keine Seite vernachlässigen, denn wie ich dir in einem späteren Kapitel erklären werde, ist es enorm wichtig auch das positive hervorzuheben, um nicht Gefahr zu laufen, dich selbst zu entmutigen.

In diesem Zusammenhang will ich dich auch darauf aufmerksam machen, dass du dich selbst nicht dafür verurteilen solltest, wenn du deine negativen Eigenschaften entdeckst. Das ist auch absolut nicht meine Absicht mit dieser Einteilung in gut und schlecht. Stattdessen empfehle ich dir, dich so zu akzeptieren und an den Sachen, die du ändern kannst, zu arbeiten.

Das ist nicht nur das Erwachsendste, das du machen kannst, sondern wird dich auch wirklich weiterbringen.

Als nächstes ist ein essenzieller Bestandteil der Selbstreflexion, sein eigenes Verhalten kritisch zu beurteilen oder zu hinterfragen. Denn uns selbst nur zu beobachten, hat keinerlei Nutzen für uns, wenn wir daraus keine Schlussfolgerungen für mögliche Verbesserungen ziehen, oder?

Das bedeutet natürlich einerseits, dass wir unser eigenes Verhalten als gut oder auch schlecht erkennen müssen, andererseits natürlich auch zu akzeptieren, wie wir sind, aber auch bereit zu sein etwas zu verändern, um uns persönlich weiterzuentwickeln.

Denn bekanntermaßen ist die Formel für Erfolg: Erfolg = Denken + Handeln.

Also bringt die ganze Reflektiererei nichts, solange du nichts unternimmst.

Das mag zu Beginn sicher schwierig sein, denn sich und anderen gegenüber seine eigenen Fehler oder schlechten Gewohnheiten einzugestehen, erfordert eine ordentliche Portion Mut. Aber hat man es erst einmal getan, fällt es um einiges leichter, dran zu bleiben und an sich zu arbeiten. Das liegt zum einen daran, dass der Teufel nun einen Namen hat und nicht mehr unterbewusst agiert, wodurch man nun genau bestimmen kann, wie man ihn beseitigen kann. Und zum anderen natürlich daran, dass wenn man sein Vorhaben mit der Familie und/oder Freunden teilt, diese eine gewisse Last abnehmen und dich dabei unterstützen können, das zu erreichen, was du vorhast.

KAPITEL ZWEI: WAS FÜR VORTEILE BRINGT MIR SELBSTREFLEXION GENAU?

Jetzt wird dich sicher interessieren, wie genau du nun durch Selbstreflexion profitieren kannst. Vielleicht kannst du es sogar schon erahnen, aber das ganze Spektrum der Selbsterkenntnis ist um einiges größer. Denn die Möglichkeiten, die dir damit offenstehen, sind tatsächlich so vielfältig, wie du sie dir nur vorstellen kannst. Du kannst wortwörtlich dein wahres Potenzial entdecken und nach Belieben freisetzen.

Du kannst damit alle negativen Verhaltensmuster und Gedankengänge, die ich im letzten Kapitel aufgezählt habe, ablegen oder zumindest kontrollieren und regulieren.

Du kannst ein glücklicheres und erfüllteres Leben führen, da du mit Selbstreflexion aktiven Optimismus betreibst. Da Selbstreflexion eine positive Sicht auf das eigene Leben ist, ist es ein wesentlicher Schlüssel zu Glück und Zufriedenheit und damit auch zum Erfolg selbst. Auch wenn bei dir nicht alles rund laufen sollte, bist du in der Lage, mal einen Schritt zurückzutreten und in Ruhe alles aus einem anderen Blickwinkel zu betrachten.

Außerdem gewinnst du damit eine Art innere Unabhängigkeit und einen „gesunden" Abstand zu deiner Umwelt. Du kannst dich dadurch also von der Fremdbestimmung lösen, die uns allgegenwärtig durch Freunde, Familie und Medien beeinflusst. Das ist heutzutage vielleicht nicht schlimmer als früher, denn früher waren es vorwiegend die Eltern, die den Ton angaben, wogegen uns heute eher die Medien „kontrollieren". Trotzdem ist Fremdbestimmung eine Sache, die Beachtung verdient und die wir mit Vorsicht genießen sollten.

Apropos Medien. Ein Youtuber namens „Der Schlaumacher" bezeichnete Selbstreflexion sogar als „psychologische Superkraft". Das Begründete er damit, dass du dadurch, dass du einen Schritt zurücktrittst, alles klarer sehen kannst und somit eine völlig neue Sichtweise auf die Welt und wie diese funktioniert gewinnst. Denn es macht einen großen Unterschied, wenn du dir darüber im klaren bist, mit welchen Verhaltensmustern du mit deiner Umwelt in Beziehung stehst ... oder auch nicht in Beziehung stehst.

Wie ich dir in einem anderen Kapitel noch erklären werde, kannst du dir die Selbstreflexion auch im Beruf zunutze machen. Denn deine Produktivität kann um einiges gesteigert werden, wenn du mehr Zeit in dich selbst steckst und deine Vorgehensweise richtig analysierst.

Wie schon gesagt, du kannst dich in jedem Lebensbereich reflektieren, sei es der Beruf, in der Familie, bei Freunden, bei deinem Hobby und und und. Überall kannst dich reflektieren und dein Leben bereichern, indem du selbst agierst und gestaltest.

Aus diesen Gründen finde ich ist die beste Zusammenfassung für Vorteile der SR diese hier:

„Mit Selbstreflexion hast DU die Möglichkeit, dein wahres Potenzial zu erkennen und nach Belieben freizusetzen."

KAPITEL DREI: SELBSTREFLEXION TO–GO
–
6 GUTE FRAGEN FÜR JEDEN TAG

In diesem Kapitel will ich dir vorstellen, wie du auch mit 6 einfachen Fragen und wenig Zeitaufwand eine gesunde Routine erstellen kannst. Das bedeutet, dass du dir nicht unbedingt eine lange Auszeit nehmen musst, um Selbstreflexion durchführen zu können.

Warum du das auch ausprobieren solltest, erkläre ich dir in einem anderen Kapitel.

Und zwar ist meine Empfehlung, diese Routine am Abend vor dem zu Bett gehen zu erledigen. Die Idee dahinter ist einfach, dass du, wenn an dem Tag etwas nicht nach deinen Vorstellungen gelaufen ist und du möglicherweise mies gelaunt bist, deine Stimmung am Abend wieder zu heben und somit besser schlafen zu können. Außerdem wachst du am nächsten Morgen auch viel motivierter und besser gelaunt auf, was dir wiederum einen perfekten Start in einen neuen erfolgversprechenden Tag ermöglicht.

Du bist sicher schon neugierig auf die Fragen, deshalb will ich dich nicht weiter auf die Folter spannen.

Frage Nr. 1 - Was macht mich (heute) dankbar?

Ich finde diese Frage ist ein klasse Einstieg, denn sie führt dich nur zu den positiven Erlebnissen des Tages und hebt sofort die Grundstimmung. Wenn du an diesem Tag nichts findest, was dich dankbar macht, dann suche etwas genauer. In den Details sind immer kleine Dinge versteckt, für die wir dankbar sein können. Zum Beispiel, mach dir die „Zufälle" bewusst, die dich zu etwas oder jemandem geführt haben, das oder der dir etwas bedeutet. Denn wenn du genau darüber nachdenkst, wie viele Variablen es in unseren Leben gibt und wie viel wir glücklichen Umständen oder eben Zufällen zu verdanken haben, dann wirst du mit Sicherheit etwas entdecken, wofür du dankbar sein kannst. (Beispiel: Du hast deine Bahn verpasst und musst die nächste nehmen. Und genau in der triffst du einen alten Freund wieder, den du lange nicht gesehen hast!)

Und wenn du wirklich nichts findest: „Mach dir keinen Kopf und suche etwas allgemeiner!"

Du kannst beispielsweise einfach dankbar für deine Geburt sein. Oder viel besser für deine gesunde Geburt - sofern du gesund bist – aber selbst wenn nicht, gibt es mit hundertprozentiger Sicherheit jemanden, der es nicht so gut hat wie du. Auch wenn es etwas kitschig klingt, solltest du dir diese Tatsache vor Augen führen und kannst dankbar dafür sein. (Ich weinte, weil ich keine Schuhe hatte, bis ich jemanden sah, der keine Füße hatte.)

Frage Nr. 2 - Was hat mich heute zum Lächeln gebracht?

Das ist auch eine echt clever gestellte Frage, denn wenn du an etwas denkst, das dich zum Lächeln gebracht hat, musst du einfach wieder lächeln. Da einfach zu lächeln bekanntermaßen eine außerordentlich effektive Methode ist, die Stimmung aufzuhellen, ist diese Frage wirklich unglaublich wirkungsvoll. Und wie ich es bei Frage Nr. 1 schon erklärt habe, wenn ihr auf Anhieb nichts findet, sucht weiter und ihr werdet etwas finden. Es lohnt sich wirklich.

Frage Nr. 3 – Wie fühle ich mich gerade?

An dieser Stelle möchte ich dir den Rat geben, dich bevor du dir diese Fragen stellst, in eine bequeme Position zu bringen. Damit meine ich ins Bett legen oder es dir auf der Couch oder dem Sessel gemütlich zu machen. Das musst du selbstverständlich nicht machen. Du kannst dir diese Fragen auch während des Abendessens, Zähneputzens oder Duschens stellen. Das funktioniert auch gut und ich habe das nur allzu häufig gemacht.

Doch ich empfehle es dir, da es die Wirkung der Fragen und vor allem die dieser Frage verstärkt.

„Wieso?" fragst du. Ganz einfach. Du fragst dich, wie du dich gerade fühlst. Du bist natürlich nach den ersten beiden Fragen schon besser gestimmt als vorher. So sollte es zumindest sein und ich wünsche dir das auch sehr. Aber am wohlsten werde ich mich immer fühlen, wenn ich mich auch physisch wohl fühle. Und ich gehe davon aus, dass es dir genauso geht. Auch wenn es bei dir nicht unbedingt das Bett, die Couch oder der Sessel sein muss, hast du garantiert irgendeinen Platz oder eine Position, in der du dich besonders wohl fühlst und diese solltest du vorzugsweise einnehmen.

Noch einmal zurück zur Frage Nr. 3. Diese Frage funktioniert einfach nochmal zur „Festigung" deines aktuellen Gemütszustandes, um quasi zu sagen: „Ja, ich fühle mich gerade sehr gut!"

Frage Nr. 4 – Was war heute mein größter Erfolg?

Warum diese Frage wirklich sehr wichtig und extrem wirkungsvoll ist, werde ich im nächsten Kapitel noch etwas genauer erläutern.

Ich werde dir hier einfach einige Beispiele aufführen, so dass du ein paar Eindrücke gewinnen kannst.

- Ich habe heute endlich dieses eine Mädchen/diese eine Frau angesprochen.

- Ich habe mich heute im Sport gesteigert/verbessert.

- Ich habe heute beim ersten Versuch mit meinem Müll in den Mülleimer getroffen.

- Ich habe heute meiner Mutter/Oma; meinem Vater/Opa

geholfen.

- Ich habe heute echt verdammt leckeres Essen gegessen/gekocht.

- Ich habe heute jemandem etwas Gutes getan/jemanden zum Lachen gebracht.

- Ich habe heute gutes Geld verdient.

- Ich habe heute wirklich mal entspannt.

- Ich habe heute eine gute Note geschrieben.

- Ich habe heute auf der Arbeit alles geschafft, was ich mir vorgenommen hatte.

Das sollte genug Inspiration für dich sein. Sicher hast du schon einige deiner neuesten Erfolge im Kopf und klopfst dir gerade selbst auf die Schulter? Wenn das so ist, gehen wir einfach über zur nächsten Frage.

Frage Nr. 5 – Was habe ich heute gelernt?

Da du an diesem Punkt schon wieder alles Schlechte vergessen hast, was an diesem Tag geschehen ist, geht es jetzt ans Eingemachte. Diese Frage ebnet nun sacht den Weg zur Selbstkritik - und damit zum eigentlichen Kern der Selbstreflexion - weswegen du dich auch vorher so gut eingestimmt hast. Hier erfordert es nämlich denn tatsächlichen Willen, an dir selbst zu arbeiten und eigene Fehler einzugestehen.

Selbstverständlich bedeutet, heute etwas gelernt zu haben, nicht zwangsläufig etwas Schlechtes. Sondern es bedeutet, dass du die Einsicht zeigst, dass du etwas anders machen könntest oder solltest als du es bisher getan hast.

Zum Beispiel kannst du heute eingesehen bzw. gelernt haben, dass du einige deiner Termine verschwitzt, wenn du sie nur auf dem Papier stehen hast. Also wenn du deinen Kalender irgendwo hängen hast, wo du nicht jeden Tag hinsiehst oder deinen Wochenplaner, den du nicht immer mitnehmen kannst, weil er mittlerweile zu unhandlich ist. Das könnte jetzt der Fall sein, wenn du entweder dazu neigst. vergesslich oder chaotisch zu sein, oder aber einfach ein Mensch bist, der sehr viel um die Ohren hat, aber nicht die Gabe besitzt, sich alle Termine im Kopf zu merken. Du würdest dieses Problem erkennen, einsehen und daraus lernen, was du besser machen kannst. Wobei wir auch schon bei Frage Nr. 6 sind.

Frage Nr. 6 – Was kann ich morgen besser machen?

Wie du gerade schon gelesen hast, folgen auf Erkennen und Einsicht eines Problems die Lösung von ebendiesem. Wie gesagt, etwas gelernt zu haben, bedeutet nicht zwangsläufig, dass du ein Problem hast, aber eine neue Lektion kannst du im Alltag immer anwenden, um dein Leben zu verbessern.

Kommen wir also zur Problemlösung.

Eine Möglichkeit, deine Termine besser im Auge zu behalten, wäre ganz einfach, den Kalender genau dort hin zuhängen, wo du jeden Tag mehrere Male vorbeiläufst, wie zum Beispiel am Kühlschrank.

Eine andere Möglichkeit ist, wenn der Termin- oder Wochenplaner wirklich zu dick wird:

Speichere doch einfach alle deine Termine und Erinnerungen in den Kalender in deinem Smartphone. Und zwar so, dass du ein paar Tage zuvor und am besten am Vortag noch einmal dran erinnert wirst.

Das ist tatsächlich etwas, das ich mir mittlerweile angewöhnt habe, um wirklich nichts mehr zu vergessen. Dir wird es sicher auch nützen, falls du dieses Problem überhaupt hast.

Zum Abschluss dieses Kapitels solltest du noch wissen, dass du, wenn du erst mal verstanden hast, wie diese Fragen funktionieren, sie auf deine „Bedürfnisse" ausrichten und spezialisieren kannst. Zum Beispiel für dein Geschäft oder auch für die Familie.

KAPITEL VIER: WARUM JEDER TAG EIN ERFOLG IST

Wie schon angekündigt, gehen wir jetzt genauer darauf ein, weshalb du dir jeden Tag einen deiner Erfolge bewusst machen solltest.

Viele, um nicht zu sagen fast alle Menschen, machen sich ihre Erfolge einfach nicht bewusst. Das hat fatale Folgen! Auch wenn du es vielleicht nicht glaubst, ist es das schlimmste und absolut unangenehmste Gefühl, abends im Bett zu liegen und nur über seine Misserfolge nachzudenken. Ich kann dir das mit Sicherheit sagen, da ich selbst unzählige solcher schlaflosen Nächte hinter mir habe. Das ist schließlich der Grund, weshalb ich dieses Buch schreibe – um DIR zu helfen, nie wieder in so einer Situation stecken zu müssen ohne zu wissen, was was du dagegen tun kannst.

Ich möchte dir direkt am Anfang dieses Kapitels die Macht dieser „Jeden Tag ein Erfolg"-Idee an einem Beispiel beweisen. Das ganze ist keine Geschichte, sondern eine wahre Begebenheit.

Es geht hierbei um den mehrfachen olympischen Goldmedaillengewinner und Kunstturner Bart Connor. Als er sich 1983 eine schwere Verletzung am linken Bizeps zuzog, war es neun Monate vor den olympischen Sommerspielen. Es schien unmöglich, bis dahin wieder die Form zu erreichen, die er vor diesem Unfall hatte geschweige denn, überhaupt an den Spielen teilnehmen zu können.

Doch Connor gab nicht auf und ließ sich behandeln und therapieren, bis er sich letztendlich doch noch für die Spiele qualifizieren konnte.

Und jetzt kommt das Unglaubliche an dieser Geschichte. Und zwar hat er nicht nur an den Sommerspielen teilgenommen, sondern gleich zweimal Gold abgeräumt, nachdem er an allen Wettkämpfen im Geräteturnen teilnahm.

Als er im Fernsehen zu seinem Erfolg interviewt und gefragt wurde, wie er das geschafft habe, dankte er „nur" seinen Eltern.

Damit gab sich der Moderator nicht zufrieden und wollte es genau wissen. Und Connor erzählte eine Geschichte, die ich persönlich extrem interessant finde:

„Als er noch ein kleiner Junge war, seien seine Eltern jeden Abend vor dem Einschlafen an sein Bett gekommen und hätten ihn gefragt: Was war heute dein größter Erfolg? So schlief er mit dem Bewusstsein ein, etwas erreicht zu haben. Jede Nacht. Und jeden Morgen wachte er auf mit der

Gewissheit, wieder mindestens ein Erfolgserlebnis zu haben. Also habe er auch gewusst, dass er es zu den olympischen Spielen schaffen, ja sogar gewinnen könnte..."

Beeindruckend, nicht? Wie etwas so Unscheinbares eine so große Auswirkung haben kann.

Ich finde, in Anbetracht des Erfolgs von Bart Connor sollten wir genau das ausprobieren, was seine Eltern ihm beigebracht haben. Nicht umsonst habe ich die Frage Nr. 4 so ausgewählt.

Die Frage, die du dir jetzt sicher stellen wirst ist, warum diese einfache Technik so unglaublich wirkungsvoll ist. Die Antwort ist einfach gesagt. Sie spendet lebensnotwendige Anerkennung.

Um das wiederum zu erklären, muss ich etwas weiter ausholen.

Wenn du dich schon etwas mit Persönlichkeitsentwicklung beschäftigt hast, wirst du sicher schon auf den Namen Dale Carnegie gestoßen sein. Carnegie war ein Schriftsteller, der sich schon in den zwanziger Jahren intensiv mit Persönlichkeitsentwicklung beschäftigte und spezielle Kurse dafür entwickelte. In meinen Augen ist er der Begründer der Persönlichkeitsentwicklung und die Lektüre seiner Bücher ein Muss für jeden, der sich mit dieser Materie beschäftigt. Doch kommen wir wieder zum eigentlichen Thema. Carnegie erklärte in seinem Buch „Wie man Freunde gewinnt. Die Kunst, beliebt und einflussreich zu werden", dass Anerkennung mit den bekannten Grundbedürfnissen, wie essen und schlafen und dem Sexualtrieb eines der wichtigsten Bedürfnisse des Menschen ist. Es ist sogar beinahe das wichtigste und trotzdem ist es das Bedürfnis, das am wenigsten Befriedigung erhält. Es wird einfach nicht wahrgenommen, da es den wenigsten Leuten überhaupt bewusst ist. Und trotzdem kann man mit dem Wissen über dieses Bedürfnis so viel Einfluss auf sich und seine Mitmenschen ausüben. Du hast es ja selbst gelesen. Bart Connor hat sich durch die Frage seiner Eltern diese Anerkennung selbst zukommen lassen und dadurch die Kraft für seine Rehabilitation und schließlich den Erfolg bei den olympischen Sommerspielen aufbringen können.

Jetzt wird dir sicher langsam bewusst, wieso die Frage nach dem täglichen Erfolg so wirkungsvoll ist. Mit ihr kannst du dir deine ganz persönliche Anerkennung generieren und bist nicht mehr zwangsläufig von der Anerkennung von außen abhängig. Ein paar passende Sprüche, die ich dazu gelesen habe, sind:

„Viele betrachten am Abend vor allem, was sie geärgert hat, was sie verbockt oder wieder nicht geschafft haben. All diese Dinge passieren auch, keine Frage. Aber worauf konzentrieren wir uns: auf die 4 in Mathe oder die 2 in Deutsch?" - Jochen Mai

„Success breeds succes" (z. D. Erfolg gebiert Erfolg) - Robert K. Merton

„Es ist eine positive Sicht auf das eigene Leben - und ein wesentlicher Schlüssel zu Glück und Zufriedenheit - und damit auch zum Erfolg selbst." - Jochen Mai

Das zu lesen macht wirklich Mut. Wir sollten deshalb aber nicht anfangen, die rosarote Brille zu tragen und über jeden Misserfolg, Fehltritt oder jede Verschätzung hinwegsehen. Die wollen wir nicht vergessen, sonst hätten wir uns die Mühe bis hierher sparen können, denn gerade aus Fehlern können wir eine Menge lernen. Aber um Jochen Mai noch einmal zu zitieren:

„Wer führt wohl das erfolgreichere Leben: Derjenige, der in jedem Tag einen Erfolg erkennt - oder der, der lediglich Erfahrungen sammelt?"

KAPITEL FÜNF: PRODUKTIVITÄT STEIGERN DURCH SELBSTREFLEXION

Kommen wir nun zu einem sehr interessanten Kapitel für den erfolgsorientierten Leser.

Dass man mit Selbstreflexion in Hinsicht auf Motivation einiges bewirken kann, haben wir ja gerade gelesen, aber es wird noch besser.

Die Forscher Francesca Gino und Gary Pisano sind der Meinung, dass man mit Selbstreflexion sogar seine Produktivität steigern kann. Die beiden Forscher arbeiten an der Harvard Business School und haben dabei einen Trick entdeckt, der es ermöglicht, seine Arbeitsleistung zu verbessern.

Dieser Trick ist ganz einfach. Reflektiere dich und deine Arbeit regelmäßig.

Sie haben die allseits bekannte Formel „learning by doing" zu „learning by thinking" bzw. „learning by reflecting" umgewandelt.

Sie haben dazu ein Experiment durchgeführt, an dem 202 Personen teilnahmen. Sie sollten online einige Knobelaufgaben (sogenannte Brainteaser) lösen. Nachdem sie dies getan hatten, wurden die Probanden in drei Gruppen aufgeteilt:

- Kontrollgruppe:

Diese Gruppe löste einfach weiter „Brainteaser"

- Reflektierer:

Den Probanden in dieser Gruppe wurde etwas Zeit gegeben, damit sie darüber nachdenken konnten, wie und mit wie viel Erfolg sie bisher an die Aufgaben herangegangen sind. Sie fertigten dazu Notizen an und mussten nach der „Reflexionszeit" auch weitere Tests absolvieren.

- Mentoren:

Diese Gruppe ging genauso vor wie die Reflektierer. Zusätzlich wurde ihnen gesagt, dass ihre Notizen als Information für zukünftige Teilnehmer dienen würden, womit sie quasi zu Mentoren weiterer Probanden würden.

Das Ergebnis ist verblüffend. Was denkst du wohl, könnte dabei herausgekommen sein?

Die Reflektierer und die Mentoren (also Gruppe 2 & 3) haben um durchschnittlich 18 Prozent besser abgeschnitten als die Kontrollgruppe. Und was ich persönlich, und du vermutlich auch, nicht erwartet hätte ist, dass sowohl die Reflektierer als auch die Mentoren beinahe gleich gut abschnitten. Das bedeutet, dass es nur das Reflektieren war, dass die Leistung verbessert hat und nicht der Ansporn, anderen helfen zu können.

Natürlich geben sich echte Forscher nicht mit nur einem Experiment zufrieden. So folgten noch einige weitere Experimente in verschiedenen Ausführungen. Und jedes Mal bekamen sie das gleiche Resultat, welches Francesca Gino wie folgt formulierte:

„Now more than ever we seem to be living lives where we're busy and overworked, and our research shows that if we'd take some time out for reflection, we might be better off. When we stop, reflect, and think about learning, we feel a greater sense of self-efficacy. We're more motivated and we perform better afterward."

Zusammengefasst bedeutet das quasi: Wer sich die Zeit nimmt um zu reflektieren, ist danach motivierter und erzielt bessere Ergebnisse.

Wenn wir uns das Ergebnis des Experiments noch einmal anschauen und uns vor Augen führen, dass die Gruppen, die um 18 Prozent besser abschnitten, nur ein paar Minuten zur Verfügung hatten, dann wird uns erst mal bewusst, wie effektiv Selbstreflexion sein kann. Ein paar Minuten können zehn, aber auch zwei Minuten sein. Das ist sogar fast schon egal. Ein paar Minuten sind jedenfalls keine lange Zeit. Da stimmst du mir doch zu, oder? Wir können uns also nach jeder erledigten Aufgabe einmal zwei Minuten hinsetzen und wirklich darüber nachdenken, was wir besser machen könnten.

Der Gründer und langjährige Chef von VISA, Dee Hock, ist sogar der Überzeugung, dass man mindestens 50 Prozent seiner Zeit in das Reflektieren seiner Ziele, Prinzipien, Motive und seines Verhaltens investieren sollte, um erfolgreich zu werden.

Am besten ist es, du stellst dir für deine Sache deine persönlichen 6 Fragen To-Go zusammen und führst Tagebuch, um deine Fortschritte und Erkenntnisse festzuhalten und die 18 Prozent sind dir sicher.

Grundsätzlich ist das Ergebnis dieser Testreihe auf alles anwendbar, wobei wir wieder bei der Vielseitigkeit der Selbstreflexion wären. Es beschränkt sich nicht nur auf die Produktivität. Nur weil ich gerade dieses Beispiel ausgewählt habe, bedeutet es nicht, dass du das Prinzip nicht auch in völlig anderen Bereichen verwenden kannst. Letztendlich findet es überall Verwendung, wo du dich verbessern willst. Sogar in Dingen wie dem Flirten, was ja nun wirklich nichts mit Produktivität oder Geschäft zu tun hat.

Zum Thema Flirten habe ich übrigens letztens ein sehr hilfreiches Buch von Daniel Karnatz entdeckt. Da es auch sehr viel mit Persönlichkeitsentwicklung zu tun hat und man als „Alpha Mann" (so heißt das Buch übrigens) sehr viel mehr Spaß und Erfolg im

Leben hat, kann ich es dir nur empfehlen.

Das sollte nur eine Anregung sein. Im nächsten Kapitel zeige ich dir noch einige Fragen, die du dir immer Stellen kannst. Und danach, sozusagen als krönender Abschluss, erkläre ich dir Schritt für Schritt, wie du deine persönlichen Fragen für die Selbstreflexion zusammenstellst und wie du dich am besten reflektierst.

KAPITEL SECHS: 30 WICHTIGE FRAGEN, DIE DU DIR IMMER STELLEN SOLLTEST

In diesem Kapitel werde ich dir genau 30 Fragen vorstellen, die dir dabei helfen solle,n herauszufinden was du willst, Selbstzweifel zu überwinden und schwere Zeiten bzw. Unzufriedenheit zu überwinden. Außerdem ist alles, was ich in diesem Kapitel schreibe, wieder dazu gedacht, dir Denkanstöße zu geben. Das sind schließlich nicht die einzigen Fragen. die du dir stellen kannst. Deiner Kreativität sind da keinerlei Grenzen gesetzt.

Also, fangen wir mit den Fragen an, mit denen du herausfinden kannst, was du willst.

- Was will ich wirklich?

- Was macht mich wirklich glücklich?

- Nehme ich meine Leidenschaften ernst genug?

- Was bedeutet Erfolg für mich?

- Welchen Job würde ich mir selbst geben?

- Angenommen, ich werde befördert: Ist es das, was ich will?

- Was möchte ich in meinem Leben ändern oder verbessern?

- Warum ist mir dieses Ziel so wichtig?

- Welche Bedürfnisse würden damit befriedigt: mehr Selbstwert, Freiheit, finanzielle Sicherheit?

- Worauf müsste ich dafür verzichten? Könnte ich das?

Wie du sicher schon bemerkt hast, sind diese Fragen dazu da, mal aus den aktuellen Umständen herauszutreten und festzustellen, ob der Weg, den du eingeschlagen hast, (gerade) wirklich der Richtige für dich ist. Obwohl „Was will ich wirklich?" eine sehr umfangreiche und ungenaue Frage ist, sind die anderen um einiges konkreter und können dir wirklich sehr nützlich sein. Auch wenn es durchaus ungemütlich werden kann, sich selbst diese Fragen zu stellen und wirklich ehrlich zu beantworten. Weil dir dabei klar werden kann, dass du dich in die völlig falsche Richtung für dein Glück und deinen Erfolg bewegst. Aber denk bitte immer daran, dass du das alles hier nur machst, um dein wahres Potenzial zu entdecken und zu entfalten. Also, auch wenn es dich in eine völlig andere Richtung führt als die, in die du dich gerade bewegst, es wird dir dort auf jeden Fall besser gehen.

Als nächstes zeige ich dir einige Fragen, mit denen du Selbstzweifel überwinden kannst.

- Angenommen, ich könnte von vorne beginnen: Was würde ich anders machen?

- Für welche Werte will ich stehen?

- Was müsste ich tun, um mein Ziel zu erreichen?

- Glaube ich daran, dass ich dieses Ziel erreiche?

- Falls nicht: Warum traue ich den Zweifeln mehr als meinem ersten Impuls?

- Was genau lässt mich so denken und fühlen?

- Welche Erfahrungen stecken hinter meinem Pessimismus: sind es eigene oder die von Menschen, die mich in der Vergangenheit geprägt haben?

- Wenn es nicht eigene Erfahrungen sind, was macht mich so sicher, dass sie für mich gelten?

- Gebe ich meinen Zweifeln nach, weil ich mich in der Rolle des Skeptikers sicher fühle?

- Was hält mich davon ab, mit meinem Vorhaben zu beginnen – zum Beispiel: jetzt?

Diese Fragen sind vielleicht etwas schwieriger zu beantworten, also lass dir ruhig etwas Zeit damit. Aber traue dich an sie heran! Die Antworten, die du findest, werden dir garantiert weiterhelfen.

Und zu guter Letzt ein paar Fragen, die dir helfen sollen, wenn du unzufrieden bist.

- Wie viel Zeit investiere ich täglich in mich und meine Entwicklung?

- Wie viel Erfolg brauche ich ganz persönlich?

- Kann das, was ich heute mache, mich auch in fünf Jahren noch begeistern?

- Was würde ich aufgeben, um mehr Zeit für mich zu haben?

- Binde ich meinen Partner in meine Lebensplanung ein?

- Bei einem Ausstieg: Habe ich über die Finanzierung ausreichend nachgedacht?

- Habe ich das Gespräch mit dem Chef gründlich vorbereitet?

- Wenn ich in meinem Traumunternehmen den Job hätte, den ich anstrebe – wäre ich dann zufrieden?

- Was könnte ich tun, damit ich zufriedener wäre?

- Welche drei Dinge tue ich heute, die keine Pflichten sind und nichts mit dem Job zu tun haben?

Wie du sicher gemerkt hast, sind die meisten dieser Fragen auf den Beruf bezogen. Das liegt vor allem daran, dass der Großteil der Menschen mit ihrer aktuellen Tätigkeit unzufrieden ist. Sicher. Wenn man nachfragt, gibt es immer Gründe, warum einem der Job gefällt. Das mag bei einigen Glücklichen da draußen auch zutreffen, aber die meisten schützen sich dadurch einfach davor, sich mit ihrer Situation auseinanderzusetzen. Weil das bekanntermaßen unangenehm werden kann.

Damit will ich dir nicht einreden, sofort deinen Job aufzugeben. Ich bitte dich lediglich, mit Hilfe der Fragen einmal ganz ehrlich darüber nachzudenken, wo du gerade stehst und wo du hin willst.

Und wie gesagt - das sind nur dreißig Fragen. Und nicht alle müssen dir weiterhelfen. Also fühle dich frei, deine eigenen Fragen zu fragen . Es geht ja letzten Endes nur darum, über dich nachzudenken und ich möchte dich einfach nur dazu einladen.

KAPITEL SIEBEN: ANLEITUNG ZUR SELBSTERKENNTNIS – SELBSTREFLEXION SCHRITT FÜR SCHRITT ERKLÄRT

Da du nun schon einiges über Selbstreflexion erfahren hast, was sie dir nützt und mit den 6 Fragen To-Go und den 30 Fragen „für zu Hause" sogar schon kleine Einblicke in die Anwendung erhalten hast, will ich dir nun zum Abschluss genau erklären, wie du bei der Selbstreflexion vorgehen kannst. Das Ganze wird eine Schritt-für-Schritt Anleitung mit Erklärungen, an der du dich ganz nach Belieben entlanghangeln kannst. Vor allem für „Einsteiger", die damit noch nicht so vertraut sind, sollte das von Nutzen sein. Aber auch die fortgeschrittenen Reflektierer können sich daran orientieren, wenn sie möchten.

Kommen wir direkt zu Schritt Nummer 1: Zeit nehmen

Nicht ohne Grund habe ich dir die Selbstreflexion To-Go vorgestellt, die man innerhalb von ca. 10 bis 15 Minuten durchführen kann. Denn eine tiefenwirksame Selbstreflexion benötigt etwas mehr Zeitaufwand. Vor allem, wenn du es wirklich ernst meinst. Dann ist es nämlich auch keine einmalige Aktion. Auch wenn ein paar Minuten ausreichen, um etwas zu verändern oder auch zu verbessern, wie wir im Kapitel „Produktivität steigern durch Selbstreflexion" gelernt haben, ist die ausgewachsene Form der Selbstreflexion ein andauernder Prozess. So kannst du dich nachhaltig und kontinuierlich persönlich weiterentwickeln, was durchaus mehrere Jahre in Anspruch nehmen kann. Natürlich solange du es ernst meinst und der Meinung bist, noch Zeit und Energie in dich und deine Persönlichkeit stecken zu wollen.

Warren Buffet hat mal gesagt: „Man sollte vor allem in sich selber investieren. Das ist die einzige Investition, die sich tausendfach auszahlt.„

Also denke ich, dass es sich für dich durchaus lohnen wird.

Meine Empfehlung an dich ist, dir tatsächlich mal am Stück so viel Zeit, wie es dir möglich ist, zu verschaffen. Wenn es gerade nicht anders geht, nutze einfach dein Wochenende oder verlängere es dir. Wenn du kurz vor deinem nächsten Urlaub bist, dann plane deine ein bis zwei Wochen „allein". Warum ich das „allein" so hervorhebe, erkläre ich dir im nächsten Schritt. Es gibt auch Kuren, die man beanspruchen kann oder was dir sonst noch so einfällt. Überlege dir einfach, wann du dir dafür Zeit nehmen willst und kannst. Ob du es jeden Tag eine Stunde oder zwei Wochen ununterbrochen machst, spielt in erster Linie keine Rolle, solange du es gewissenhaft und ernsthaft betreibst.

Schritt Nummer 2: „Überlege dir etwas, auf das du Lust hast" oder „Löse dich von Fremdbestimmung"

Das ist sogar schon ein kleiner Schritt Selbstreflexion. Mal nicht das zu machen, was andere entscheiden. Wenn du schon vorher allein unterwegs warst, ist das auch gut, denn dann hast du schon Erfahrungen damit gesammelt. Denk doch einfach mal darüber nach, was du am liebsten machen würdest, ob du es mit deinen Mitteln ermöglichen bzw. mit den Mitteln von Freunden oder Familie ermöglichen lassen kannst und wie du das anstellen würdest. Ich zum Beispiel habe schon seit langem vor, mir einfach einen bepackten Rucksack zu nehmen, mir eine Himmelsrichtung auszusuchen und drauf loszulaufen. Du kannst natürlich auch wirklich wegfahren. In die Berge oder so. Oder du bleibst einfach zu Hause und machst es dir dort gemütlich. Ziel sollte es sein, einen Ort oder ein Vorhaben zu finden, auf das du Lust hast, bei dem du mal alles hinter dir lassen kannst und wo du deine Ruhe hast. Deshalb ist es auch sehr von Vorteil, „allein" zu reisen, damit du deinen Gedanken nachgehen kannst und nicht den von jemand anderem.

Lass deiner Fantasie freien Lauf - dir wird sicher etwas einfallen!

Schritt Nummer 3: Werde dir über dein „Warum" klar

Egal wann, wie, wo oder wie lange. Es ist ausgesprochen wichtig, dass du dir klar darüber wirst, warum du das Ganze überhaupt machst. Willst du wissen, wieso du eifersüchtig, neidisch oder depressiv bist? Willst du erkennen, was du schon immer am liebsten gemacht hast und warum du einen anderen Beruf gewählt hast? Willst du dir klar darüber werden, ob du eine andere sexuelle Ausrichtung hast als du bisher dachtest? Willst du wissen, warum du Verlustängste hast oder warum du einfach nicht in soziale Gruppen hineinpasst? Oder willst du wissen, was du in deinem Leben erreichen willst und was dich glücklich macht?

Es gibt unendlich viele Dinge, die du noch nicht über dich weißt und die du noch herausfinden kannst. Also warum liest du dieses Buch und was willst du endlich verstehen?

Wenn du die Antwort weißt, kannst du zum nächsten Schritt übergehen.

Schritt Nummer 4: Brich deine persönliche „Warum"-Frage in kleinere Fragen herunter

Wie man es auch beim Bestimmen von Zielen mit Meilensteinen macht, kann es von großem Nutzen sein. eine große Frage in viele kleine, leichter zu beantwortende Fragen aufzubrechen. Das macht es logischerweise einfacher, jede Frage zu beantworten. Und wenn diese kleinen Fragen beantwortet sind, kannst du sie zusammensetzen zu einer großen Antwort.

Schritt Nummer 5: Lass deinen Gedanken freien Lauf

Ab hier bist du auf dich allein gestellt. Denn dein Leben, Ziel und Bewusstsein, deine Gedanken, Erfahrungen und deine Persönlichkeit stehen nur dir ganz allein zur Verfügung. Auch wenn du bisher nur einen Teil von allem bewusst wahrgenommen hast, findest du alle Antworten, die du über dich suchst, in dir. Du kennst nun die Fragen, deren Antworten du suchst, also lass deine Gedanken einfach um diese Fragen kreisen, schweife auch mal etwas ab und kehre dann wieder zurück. Du wirst deine Antworten erhalten und dich mit jedem mal ein Stück weiterentwickeln zu der Person, die du sein willst.

Schritt Nummer 6: Halte deine Erkenntnisse fest und wende sie an

Wie ich es schon an früherer Stelle erwähnt habe, ist ein „Selbstreflexions-Tagebuch" eine sehr nützliche Hilfestellung, um deinen Fortschritt festzuhalten. Das hat zum Beispiel den Vorteil, dass du, wenn du mal demotiviert bist oder nicht weiter weißt, einfach einen Blick in deine gesammelten Werke werfen kannst um zu sehen, was du schon alles erreicht hast. Wenn du beispielsweise daran denkst, wo du standest als bzw. bevor du angefangen hast, dich persönlich weiterzuentwickeln. Das macht wirklich Mut und gibt dir die Kraft, weiterzumachen. Wo wir übrigens wieder bei „Warum jeder Tag ein Erfolg ist" sind. Außerdem verankern sich deine Erkenntnisse, wenn du sie aufschreibst und ab und zu mal durchliest, besser. Das hat zur

Folge, dass du das was du gelernt hast auch besser nutzen kannst, da es dir bewusster ist.

SCHLUSS

Du hast es tatsächlich bis zum Ende geschafft. Glückwunsch! Damit hast du bewiesen, dass du dein Leben wirklich in die eigenen Hände nehmen und dich und deine Facetten besser verstehen lernen willst.

Ich hoffe, ich konnte dich auf deinem Weg ein Stück weiterbringen. Wenn das der Fall ist, bitte ich dich, eine Rezension zu diesem Buch zu verfassen. Ich würde dies sehr schätzen!

Du kannst mir in deiner Rezension zum Beispiel mitteilen, was du durch die Lektüre dieses Buches gelernt hast. Das hilft nicht nur mir und anderen Lesern, sondern bietet auch dir nochmal die Möglichkeit, alles zu verarbeiten, was du aufgenommen hast. Und wie wir wissen, verankert das die Informationen stärker und hilft dir, das Gelernte auch besser umzusetzen.

Ich kann dir dabei auch gerne noch einmal unter die Arme greifen, bevor ich dich in dein neues Leben entlasse.

Du hast in diesem Buch gelernt, was Selbstreflexion ist. Und zwar steht in ihrem Mittelpunkt die Selbstbeobachtung des eigenen Verhaltens, persönlicher Verhaltensmuster und der eigenen Gedanken und Gefühle.

Dann hast du gelernt, was für Vorteile es dir bringen kann, dich selbst zu reflektieren.

Meine Lieblingszusammenfassung kennst du ja bereits: „Mit Selbstreflexion hast DU die Möglichkeit, dein wahres Potenzial zu erkennen und nach Belieben freizusetzen."

Als nächstes hast du von mir die Selbstreflexion To-Go erklärt bekommen. Die 6 einfachen Fragen, die du dir jeden Tag stellen kannst.

Dann hast du gelernt, warum jeder Tag ein Erfolg ist: Weil es dir die Kraft und den Mut gibt, an dem was du vorhast dranzubleiben und was du gerade durchmachst durchzustehen.

Außerdem hast du gelernt, dass du mit ein paar Minuten Selbstreflexion deine Produktivität und Leistung um 18 Prozent verbessern kannst.

Dann hab ich dir noch einmal ein paar Fragen gezeigt, die du dir immer wieder stellen kannst, um deine Orientierung im Leben zu überprüfen und ein Glück leichter zu finden. Denn: „Wer den

Hafen nicht kennt, in den er segeln will, für den ist kein Wind der richtige."

Und zu guter Letzt habe ich dir noch eine Anleitung zur Selbsterkenntnis gegeben, an der du dich orientieren kannst, solange du noch nicht dein eigenes persönliches System entwickelt hast.

Ab hier kann ich dich vorerst nicht mehr begleiten. Du hast nun genug gelernt, um alleine klarzukommen.

Ich wünsche dir dabei viel Erfolg!

BONUSKAPITEL

–

KAPITEL 2: WIE KANN ACHTSAMKEIT DIR HELFEN?

Dieser Ausschnitt ist aus meinem anderen Buch:
Achtsamkeit: Lernen Sie, im Moment zu leben und erfahren Sie
seelische Entspannung und ungeahnte Gelassenheit

Drei Dinge sind mir aufgefallen, während ich mich mit Achtsamkeit beschäftigt habe:

Erstens: "Wir sind immer am Checken".

Zweitens: Wir sind in Gedanken zu oft in Zukunft und Vergangenheit.

Drittens: Wir bewerten ständig alles und jeden.

Das sind meiner Meinung nach die drei Faktoren, die uns heutzutage persönlich die meisten Probleme bereiten. Und gleichzeitig kannst du diese drei „Problem-Faktoren" alle mit einem gewissen Maß an Achtsamkeit beseitigen. Ich möchte dir die Drei erklären, was sie bedeuten und was du mit etwas Achtsamkeit daran ändern kannst. Dein Anspruch sollte dabei nicht sein, mit allem, was ich dir gleich beschreibe, aufzuhören. Das komplett abzuschalten, kann vielleicht nicht einmal der achtsamste Mensch. Es wird dir helfen, einfach darum zu wissen, dir dessen bewusst zu sein, um dein seelisches Wohl aktiv positiv zu beeinflussen. Schon kleinere Veränderungen daran, wie du mit den drei Faktoren umgehst, kann sehr positive Auswirkungen auf dich haben. Also ließ die folgenden Ausführungen achtsam.

Erstens: „Wir sind immer am Checken"

Das ist ein Zitat des Achtsamkeitstrainers Günter Hudasch. Damit meint er die ständigen Vergleiche, die im Hinterkopf ablaufen, wenn wir andere beobachten. Er erklärte an diesem Beispiel: „Der Kollege hat schon wieder ein neues Auto – wie kann der sich das bloß leisten?" Man sieht sich den anderen an und schaut dann zu sich selbst. „Der hat mehr Geld als ich!", Wieso habe ich das nicht?", „Der hat mehr Spaß in seinem Leben!" sind jetzt nur mögliche gedankliche Reaktionen. Das Resultat ist eindeutig. Wir neigen dazu, uns schlecht zu fühlen, vor allem, wenn wir nicht zufrieden sind mit dem, was wir selber haben. Trotzdem führen wir solche Vergleiche immer wieder, meist völlig automatisch und das tut uns nicht unbedingt gut.

Wie Achtsamkeit dir dabei helfen kann, ist wahrscheinlich einfacher gesagt als getan. Denn mit einem bestimmen Maß an Achtsamkeit kannst du Neuigkeiten, wie das neue Auto aus dem

Beispiel, vollkommen anders auffassen. Du wirst in der Lage sein, zu sagen „Schön für ihn! Ich freue mich mit ihm und gönne es ihm auch."

Neid ist etwas durchaus naheliegendes für einen unausgeglichenen Menschen. Es ist auch absolut keine Schande, unausgeglichen zu sein; der Großteil von uns ist das. Selbst wenn man sich in Achtsamkeit und Meditation übt, ist man nicht sofort frei davon. Daran nichts ändern zu wollen, ist allerdings doch eine. Und du kannst etwas ändern, denn Neid entsteht durch Unzufriedenheit mit dem, was man hat. Und mit Achtsamkeitstraining kannst du zufriedener werden mit dem, was du hast. So kannst du dem Neid keinen oder zumindest weniger Nährboden geben.

Wenn du akzeptierst: „So bin ich und das ist gut so.", allerdings ohne dabei den Anspruch zu verlieren, weiter an dir zu arbeiten, wirst du ein völlig neues Lebensgefühl entwickeln und genau das lässt dich ehrlich mit anderen mitfühlen und mitfreuen.

Zweitens: Wir sind in Gedanken zu oft in Zukunft und Vergangenheit

Wie ich es in der Einleitung schon angeschnitten habe, ist das heutzutage ein schwerwiegendes Problem. Viele schwärmen ständig von einer blühenden Zukunft, in der sie Leben werden. Mit dem träumerischen Glauben, es würde schon irgendwann dazu kommen, ohne in der Gegenwart etwas dafür zu tun. Andere wiederum wollen nichts von aktuellen und akuten Problemen hören, sondern denken lieber an die „guten alten Zeiten", weil da alles einfacher war. Und ihnen kommt nicht in den Sinn, dass das mittlerweile schon lange keine Rolle mehr spielt, weil „Jetzt" eben „Jetzt" ist und nicht „Früher". Das kann man auch auf einer höheren Ebene sehen. Ich war schon immer der Meinung, also auch bevor ich das Wort „Achtsamkeit" überhaupt kannte, dass es egal ist, was früher mal war. Es ist gut zu wissen, was zur Zeit unserer Eltern, Großeltern, Ur-Großeltern und Dinosaurier alles geschehen ist. Aber wir sollten uns davon auf keinen Fall beeinflussen lassen, wenn es um „Jetzt" geht. Politisch wie persönlich. Denn es nimmt uns jede Menge Beweglichkeit.

Erkennst du den Unterschied zwischen jemandem, der sich nach einem schwerwiegenden Unfall wieder aufrappelt, rehabilitiert und akzeptiert, dass er jetzt möglicherweise einen anderen Weg zu gehen hat und einem, der danach in Selbstmitleid und Trauer verfällt, weil er nur noch daran denkt, wie es vor dem Unfall war? Ich schon! Der erste ist im „Jetzt" und arbeitet mit dem, was er hat und der zweite ist im „Früher" und trauert seinen verflogenen Möglichkeiten hinterher.

Dafür gibt es sogar ein bekanntes Sprichwort: „Es ist keine Schande, hinzufallen. Liegenzubleiben schon!"

Oder für Frauen: „Aufstehen, Krönchen richten, weitergehen!"

Ich will damit in keinster Weise sagen, dass ein lebensverändernder Unfall nichts schlimmes ist und man so tun sollte, als wäre nichts geschehen. Ich möchte eher deinen Blickwinkel ändern. Ist es nicht besser, es als neues Kapitel deines Lebens zu betrachten und sich darüber zu freuen, dass du noch lebst als den Rest deines neuen Lebens zu vergeuden in Trauer über dein altes.

Deine Sichtweise in den Dingen, die ich gerade eventuell zu philosophisch beschrieben habe, und vielen anderen, wirst du als achtsamer Mensch einfacher ändern können. Als jemand, der im Hier und Jetzt lebt, wirst du viele neue Möglichkeiten sehen und dein Leben ganz anders betrachten und in die Hand nehmen als zuvor.

Drittens: Wir bewerten ständig alles und jeden

Ich werde mich in diesem Abschnitt direkt zu Anfang an die eigene Nase fassen, um es dir leichter zu machen, dasselbe bei dir zu tun.

Ich merke es immer wieder, wenn ich mich selbst dabei beobachte, wie ich andere beobachte. Das läuft manchmal mehr und manchmal weniger bewusst ab. Wenn ich andere Menschen beobachte, läuft bei mir im Hintergrund, wie der automatische

Vergleich aus „Erstens", fast immer eine Art automatisches Bewertungssystem für andere Personen. Das ist nicht sonderlich nett, aber es ist eine Sache, die sehr viel Übung benötigt, um sie nicht nur für einen Moment „auszuschalten". Alle Menschen, an denen ich vorbeilaufe, werden automatisch „gescannt" und alle ihre sichtbaren Makel und Charaktereigenschaften werden gnadenlos analysiert. Das geschieht aber nicht, weil ich diese Personen nicht leiden kann oder Menschen grundlegend hasse. Stattdessen ist es eine Art instinktiver Schutzmechanismus aus unserer „höhlenmenschlichen" Vergangenheit. Indem man die Menschen analysiert, stellt man potenzielle Stärken, die man für sich und Schwächen, die man gegen sie verwenden kann, fest. Nur benötigen wir diese Instinkte größtenteils, zumindest wenn wir im Alltag Leuten über den Weg laufen, nicht mehr. Menschen gut einschätzen zu können, ist schließlich die eine Sache. Aber Unbekannte teilweise so fies zu bewerten, die andere. Das hört aber bei anderen Menschen nicht auf. Man bewertet alles mögliche und sogar sich selbst und das meistens viel zu hart. Vorurteile und Selbsthass sind nur zwei mögliche Resultate. Wie alles andere unterscheidet sich die Intensität dieser Eigenschaft von Mensch zu Mensch, jedoch sind die Auswirkungen mindestens unvorteilhaft.

Ein achtsamer Mensch ist allerdings in der Lage, diesen Automatismus mehr und mehr abzustellen und Dinge ohne darauffolgende Wertung wahrzunehmen. Wir können nur in der Lage sein, die Dinge zu sehen wie sie sind, wenn wir sie wertfrei betrachten. Auch das wird den Weg, wie du die Welt siehst, entscheidend verändern und du wirst überrascht sein, was du neues lernen kannst.

Außer den drei Punkten, die ich gerade beschrieben habe gibt es noch unzählige andere Vorteile. Hier nochmal die wichtigsten:

- schärft die Wahrnehmung

- verbessert Körperbewusstsein

- kann Verspannungen lösen und Schmerzen lindern

- verringert fremdgesteuertes Handeln

- ermöglicht es den Alltagstrott zu verlassen

- gibt Kontrolle über den eigenen Körper und Geist

- verhilft zur selbständigen Behandlung von Depressionen

- verhilft zu mehr Selbstliebe

- erhöht das eigene Wohlbefinden

- stärkt das Immunsystem

verbessert die Konzentrationsfähigkeit

HAFTUNGSAUSSCHLUSS

Die Benutzung dieses Buches und die Umsetzung der darin enthaltenen Informationen erfolgt ausdrücklich auf eigenes Risiko. Der Verlag und auch der Autor können für etwaige und Schäden jeder Art, die sich beim Besuch der in diesem Buch aufgeführten Orten ergeben (z.B. aufgrund fehlender Sicherheitshinweise), aus keinem Rechtsgrund eine Haftung übernehmen. Haftungsansprüche gegen den Verlag und den Autor für Schäden materieller oder ideeller Art, die durch die Nutzung fehlerhafter und/oder unvollständiger Informationen verursacht wurden, sind grundsätzlich ausgeschlossen. Das Werk inklusive aller Inhalte wurde unter größter Sorgfalt erarbeitet. Der Verlag und der Autor übernimmt jedoch keine Gewähr für die Aktualität, Korrektheit, Vollständigkeit und Qualität der bereitgestellten Informationen. Druckfehler und Falschinformationen können nicht vollständig ausgeschlossen werden. Der Verlag und auch der Autor übernehmen keine Haftung für die Aktualität, Richtigkeit und Vollständigkeit der Inhalte des Buches, ebenso nicht für Druckfehler. Es kann keine juristische Verantwortung sowie Haftung in irgendeiner Form für fehlerhafte Angaben und daraus entstandenen Folgen vom Verlag bzw. Autor übernommen werden. Für die Inhalte von den in diesem Buch abgedruckten Internetseiten sind ausschließlich die Betreiber der jeweiligen Internetseiten verantwortlich. Der Verlag und Autor distanzieren sich daher von allen fremden Inhalten. Zum Zeitpunkt der Verwendung waren keinerlei illegalen Inhalte auf den Webseiten vorhanden.